好感度
アップ！

「モノの言い方」上達BOOK

仕事も人間関係もうまくいく！

【話し方講師】大畠常靖

はじめに

「丸い卵も切り様で四角、モノも言い様で角が立つ」という言葉があります。

　これは、同じことを言うのでも、表現を工夫せずに口に出すことによって、相手との関係が悪くなってしまうことをいっています。しかし逆に考えますと、相手にとって嫌な内容でも工夫次第では、相手に受け入れられる可能性を示しています。

　そこで、この本は「**言いにくい事実や状況があった時に、どのように表現すれば、相手にも気持ちよく受け止められ、自分の思いを伝えることができるか**」ということを意識して書き上げました。

「好感度がアップする一言」では、言いにくい言葉を状況に適した異なる表現で伝えるため、３つの言葉を挙げました。

「すぐに使える『モノの言い方』」では、「言いにくい表現」について、どのように言うと相手に納得してもらえるか、感情を逆撫でしないか、セリフとしてまとめました。セリフが、少し長いものもあるかもしれませんが、実際に使えることを想定しています。
「実力アップトレーニング」では、大勢の人がマイナスだと認識しているものを、プラスだと伝えるためにはどのような表現があるか、まとめました。モノの見方は、ちょっと良い方に向けるだけで全く印象が変わってくることが、分かるでしょう。
　ぜひ、日頃からプラスに考えるトレーニングをして、より良い人間関係を築いていただければと思います。
「こんなことを言ったら嫌われるのではないか」と思い、黙ってしまうのではなく、**同じ事柄をどう表現したら自分の考えが分かってもらえるか**という視点で、この本を活かしていただけましたら幸いです。

大畠常靖

【目次】

すぐに使える「モノの言い方」 61

断わる *kotowaru*

注意、忠告する *chui, chukoku suru*

批判、反論する *hihan,hanron suru*

取り繕う *toritsukurou*

伝える *tsutaeru*

本書は2004年9月に、弊社より発行された『「話し方」上達BOOK』の新装改訂版です。

好感度がアップする一言

　この章では、「**マイナスのイメージを与えがちな言葉**」を頻度順に並べました。

　それぞれの言葉には、3つの「**好感度がアップする一言**」が例題と共に載っています。

　普段言いにくい言葉を、プラスの表現に言い換えることで、相手に与える印象は大きく変わります。

　その上、相手に不快な思いをさせずに、自分の意思をきちんと伝えることができるのです。

太った

futotta

誰でも太ったと言われるといい気はしないもの

好感度**UP!**

健康的な

太っているという全体よりも、部分に目を向けてそこをほめる

【例】山田さんは、健康的な肌艶《はだつや》ですね。

体格（恰幅《かつぷく》）のよい

ガッチリ、堂々としているその存在感をほめる

【例】田中さんは、恰幅がいいですね。

貫禄がある

内面から醸し出される、どっしりとした存在感のある雰囲気を表現する年配者向けの言葉

【例】鈴木さんには、貫禄がありますね！

やせた

yaseta

やせていることのメリットを活かしてほめる

好感度UP!

すらっとした

スタイルの良さを、表現している

【例】佐藤さんは、すらっとしているので背が高く見えますね。

スリムな

しまっている、すっきり感のある体形について表している

【例】斉藤さんは、スリムなボディですね。

モデルみたいな

スタイルが良いことの象徴「モデル」にたとえることで相手の自尊心をくすぐる

【例】小林さんは、スタイルが良いのでモデルみたいですね。

安い

yasui

安かろう、悪かろうのイメージを取り払う

好感度UP!

リーズナブルな

実用品などで、値段の割に実用価値の高いことを上手にアピールできる言葉

【例】内田さんのボールペンは、使いやすい上にリーズナブルで、いいですね。

掘り出し物

客寄せのために利益を度外視して販売されたり、普通ではあり得ないモノを自ら発見したという気持ちにさせる

【例】いい掘り出し物が見つかりましたね。

お値打ち品

正規に売られてきたモノが何らかの理由で値下げされたときに、特別というお得感を伝える

【例】このスーツが1万円!? すごいお値打ち品ですね。

高い

takai

値段相応に価値があることを伝える

好感度UP!

高級な

素材や作り方など、とにかく「良いモノ」であることを伝える

【例】木村さんの靴は、履きやすそうで、さすが高級品ですね。

ふさわしい

「あなただからピッタリ!」というニュアンスで

【例】オーダーメイドスーツは、山口さんの立場にふさわしいですね。

品質の良い

品質も、デザインも、ブランドも、すばらしいと自信を持って

【例】清水さんのネクタイは、深みのある色合いで品質の良いものですね。

忙しい

isogashii

悪気があって忙しいわけではない

↓ 好感度UP!

バタバタしている

とりあえずその場をやり過ごすにはうってつけの言葉。具体的な理由も用意していると、なお良い

【例】ただいま別件でバタバタしておりまして席をはずしておりますので、折り返しご連絡いたします。

立てこんでいる

いろいろなことが重なり忙しくて手が離せない状態。申し訳ないことを伝えると、なお良い

【例】申し訳ございません。須藤は今、仕事が立てこんでおりまして、後日こちらからお訪ねいたします。

貧乏暇無し

へりくだりながら相手を不快にさせずに忙しさを伝えられる言葉

【例】いや〜、貧乏暇無しですよ。

暇な

himana

時間があることのメリットをアピールする

好感度UP!

ゆとりがある

つまらなさを感じさせず、のんびりと時間を楽しんでいるイメージを与える

【例】遠藤さんは一ヶ月もハワイに滞在なんて、ゆとりがあっていいですね。

自由に時間を使える

暇になると忙しさを求め、忙しくなると暇を求めがち。いずれの場合も「自由な時間」を望む人は少なくない

【例】自由な時間があるようでしたら、おいでになりませんか?

手が空く

忙しさから解放されていて、受け入れ態勢にあり、物理的に動ける状態

【例】もし、手が空いているようでしたら、お手伝いいただけますか?

地味な

jimina

見る人が見れば、その良さがわかる

好感度UP!

シンプルな

よけいな装飾を取り去り、単純化されているため、すっきりとした良さがある

【例】村上さんのデザインは、シンプルで良いですね。

素朴な

ありのままの良さが残っている状態。最後に求めるのは素朴さかもしれない

【例】竹田さんの風貌《ふうぼう》は素朴で、なつかしいですね。

玄人《くろうと》好みの

「わからない人が悪い」と錯覚させてしまう魔力がある

【例】さすが。森本さんの歌は玄人好みですね〜。

派手な

hadena

目立つことは良いこと

好感度UP!

印象に残る

第一印象は見た目で決まりやすい。良くも悪くも、人に覚えてもらう印象深さは重要

【例】西村さんのネクタイは、とても印象に残りました。

華やか

きらびやかな美しさや、にぎわい感を表す言葉。プラスの面を前面に押し出していくと良い

【例】伊藤さんは、いつ見ても華やかですね。

ゴージャスな

人によっては好き嫌いの別れる装いだとしても、とりあえず「ゴージャス」でその場をやり過ごすのも有効

【例】小山さんのアクセサリーは、ゴージャスですね。

嫌い

kirai

それとなく好きではないことを伝える

好感度UP!

合わない

好きになる努力は必要かもしれないが、相性の不一致は理屈で解決できるものではない

【例】安田さんの考えとは、どうやら合わないみたいです。

好みでない

「好き」という範疇《はんちゅう》からはずれて受け入れられず、遠回しに「嫌い」と表現している

【例】松村さんは本当にいい人なんですけど、私の好みではないです。

遠慮する

拒絶するよりも、自分から身を引いて控えるイメージ

【例】その料理はちょっと遠慮しておきます。

悪い

warui

ストレートに伝えずに、柔らかい表現で気づかせる

好感度UP!

注意が必要な

気が抜けないマイナス傾向にあることを示唆している。「悪い」という含みのある表現

【例】和田さんは、いろんな女性に声をかけてるみたい。彼には注意が必要ですね。

適当でない

「良くない」「適当でない」と言われた方が、言葉の持つ鋭さは少なからず弱くなる

【例】矢田さんの会議での発言は、適当ではないですね。

引けを取る

「劣る」意味で、比較対象で程度が変わる。「××では引けを取るが、○○では」とほめるときにも使える

【例】塚田さんには、月間の営業成績では引けを取ることがあります。

変な

henna

見方によって、評価は分かれる

好感度UP!

あまり見たことがない

「あなただからこそできる」というニュアンスで

【例】そんなライフスタイルは、あまり見たことがないですね。

不思議な

私には理解できないが、わかる人にはわかるのだろう…

【例】何とも不思議な意見をお持ちですね。

奇抜な

他よりも「抜きん出た」感じを出して

【例】今日は、なかなか奇抜なファッションですね。

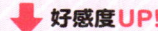

古い

furui

エピソードなどに結びつけて歴史がある良さを伝える

好感度UP!

伝統がある

長い年月の間に悪いモノは淘汰され、良いモノだけが残っているニュアンスで

【例】A社は、設立してもう50年ですか。伝統のある会社ですね。

懐かしい

身近なモノには愛着がある。相手の思い出などと結びつけて伝えるのも有効

【例】このミニカー、子供の頃は好きでした。懐かしいですね。

味のある

長い時間を経て深みを増し、一つひとつに作った人の思いが感じられます

【例】あの家の作りには、とても味がありますね。

弱い

yowai

自分を主張できないコンプレックスを払拭《ふつしょく》

好感度**UP!**

繊細な

心配りのできる細やかな感情の持ち主。短所にもなるので注意

【例】木下さんは、繊細な感覚をお持ちで周囲に気を配れる方ですね。

おとなしい

もの静かな、頼りなさそうに感じる人などに使われるが、本質を表すつなぎ言葉に

【例】井上さんは、おとなしそうに見えますが、実は相当のヤリ手です。

温和な

弱さに受け取られがちだが、人を温かい気持ちにさせる大事な長所

【例】藤本さんは、温和な方ですので周囲が和みます。

遅い

osoi

「遅い＝能力が劣る」というイメージを払拭

好感度UP!

じっくりと

一つひとつ丁寧に作業し、良いモノを作り上げる密度の濃さを感じさせて

【例】安東さんは、じっくりと仕事に取り組むタイプですね。

慎重に

確実性が求められる場面では、注意深く、落ち着いて、慎重に行動することが効率化につながる

【例】村田さんは、慎重なのでミスが少ないですね。

ゆったりと

「あせらなくてもいい」という優しさが垣間見える。このような気持ちは、つい忘れがち

【例】松下さんは、常にゆったりと構えているので、まわりの人が落ち着きます。

まずい

mazui

直接的には言わずに、それとなく

好感度UP!

変わった味

「初めて食べた味なので…」と驚きの表情とともに、珍しさを強調して

【例】これは、なかなか変わった味ですね。

食べ慣れない

料理ではなく、あくまでも「食べ慣れていない自分に責任がある」感じで

【例】このような高級なものは、なかなか食べ慣れなくて…

好きな人にはたまらない

「自分は好きではないが、他の人にとってはおいしいのかもしれない」という意味をさりげなく

【例】私は初めて食べましたけど、好きな人にはたまらないでしょうね。

悲しい

kanashii

感情的にならず、悲しさを冷静に表現して

好感度UP!

心が痛む

「相手の悲しみを自分も感じている」と相手をいたわる気持ちで

【例】今回、福田さんの責任を取っての退職には、心が痛みます。

残念です

結果が良くなかったときに、悔しさや無念さを含ませて

【例】このたび、Ｂ社との契約の解消には、誠に残念な思いがします。

お気の毒

悲しんでいる相手に対して、気持ちをこめて

【例】このたびは、非常にお気の毒です。

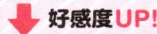

苦しい

kurushii

間接的に言うと、相手も受け止めやすくなる

好感度UP!

気の（心の）休まる暇もない

精神的に疲れきっている状態。袋小路の状況で

【例】仕事に手一杯で、気の休まる暇もありません。

手につかない

他のことをする気力のない状態。理由を添えると、苦しい心境が伝わる

【例】彼女に振られてしまって、仕事も手につかない。

良いとはいえない

言葉以上の気持ちを、相手に察してもらうニュアンスで

【例】最近の体調は、あまり良いとはいえないです。

暗い

kurai

広い視野で、落ち着き払った様子で

好感度UP!

控えめ

ガツガツしていない雰囲気は、余裕を醸《かも》し出す

【例】三上さんは、控えめな感じが大人びていますね。

大人しげ

意識して演出しているようなニュアンスで

【例】工藤さんは、一見大人しげに見えますね。

自分を持っている

「能ある鷹は爪を隠す」というニュアンスで

【例】山下さんは、自分を持っている方ですね。

つまらない

tsumaranai

面白さがわからない自分が悪いという感覚で

好感度UP!

良い経験をした

たとえよくわからないとしても、とりあえず「何かのためになった」という感じで

【例】今回のセミナーでは、良い経験をしました。

難しい

何が面白いのか、わからなかった「自分の力不足」という視点で

【例】あなたのギャグは、私には難しかったです。

ピンとこない

「つまらない」ことを伝えながら、それでいて相手を傷つけない言葉

【例】今日の講演は、私にはピンときませんでした。

難しい

muzukashii

簡単だと考えていることに釘を刺す

好感度UP!

容易ではない

「壁は厚いがそれでも…」という可能性を感じさせて

【例】この売上げ目標は、容易ではない。

慎重な対応が必要な

論理的な材料を用意して、相手にことの大きさを理解してもらうように促す

【例】この案件は、慎重な対応が必要です。

すぐには結論が出ない

苦悩の表情で言うと、相手は状況を呑みこみやすくなる

【例】先日の提案につきまして、残念ながらすぐには結論が出ません。

適当な

tekitouna

人によって満足度が異なるので、断定しないように注意

好感度UP!

要領の良い

ポイントを押さえて、効率的に進めている様子を感心して

【例】兵藤さんは、実に要領良くまとめましたね。

うまい

おもわず、一言出てしまうニュアンスで

【例】小笠原さんは、話の進め方が本当にうまいなあ。

良い加減な

「良い」加減と「いい加減」を混同しないように

【例】高橋さんは、良い加減で仕事を進めていますね。

不便な

fubenna

思い通りにならないところに良さがある

好感度UP!

使いこなす楽しみがある

「自分だけのものになる」というオリジナリティを刺激する

【例】この専門書には、使いこなす楽しみがありますよ。

ひとつの機能に特化した

何かしら良さを探し、逆にその良さを際立たせる

【例】この機械は、ひとつの機能に特化していますね。

使うたびに新たな発見がある

一筋縄でいかないからこそ、試行錯誤の末に手にすると、かけがえのない喜びがある

【例】この最新型は、使うたびに新たな発見があるなあ。

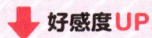

騒がしい

sawagashii

盛り上がるからこそ、音も大きくなる

↓好感度UP!

活気のある

人が集まって声が飛び交えば、「活気」という大きなエネルギーが生まれる

【例】この会社は、活気があるなあ。

にぎやか

盛り上がって楽しんでいる様子。人によって「うるささ」と「にぎやかさ」は紙一重

【例】この店は、なかなかにぎやかですねえ。

元気な

いきいきとして活力にあふれた様子。度が過ぎると、迷惑になるので注意

【例】ここにいるメンバーは皆、元気ですね。

ありきたりな

arikitarina

多くの人が関心を持っている「安心感」を伝える

好感度UP!

定番の

長く愛され、多くの人の評価を得ていることを、ポジティブな印象で

【例】このジーパンは、もう定番商品ですね。

人気の

それほど興味がないものでも、人気があると覗《のぞ》いてみたくなるのが、人の心理

【例】これは、10 年以上売れ続けている人気のあるロングセラー商品です。

よく見聞きする

「マスコミに取り上げられる」「街中でよく見かける」など、情報頻度が高いモノに人の心は傾きやすい

【例】最近、この商品のことをよく見聞きします。

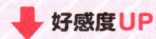

似合わない

niawanai

柔らかい表現で、他にも選択肢があることを

好感度UP!

じっくりと考えた方が良い

目についたものにすぐ飛びつかず、あせらない方が良いというニュアンスで

【例】今すぐ結論を出さずに、じっくりと考えた方が良いよ。

雰囲気に合わない

具体的な指摘は避け、抽象的にそれとなく

【例】このシャツは、あなたの職場の雰囲気に合わないみたいだね。

もうひとつ

はっきりと伝えず、他の選択肢など「まだ考える余地がありますね」という感じで

【例】このデザインは、もうひとつかな。

いらいらする

iraira suru

積もり積もった感情を、遠回しに発散させる

好感度UP!

このままだと、大変なことに

貯めた感情エネルギーが、爆発する前に警告する感じで

【例】私は、もうこのままだと、大変なことになります。

がまんできない

相手に気づかせるには、最適のフレーズ

【例】もう、がまんできません…

怒りがこみあげてくる

もう一息で破裂しそうな感じで

【例】私は、だんだん怒りがこみあげてきました。

不器用な

bukiyouna

不器用だからこそ出せる味がある

好感度UP!

地道な

粘り強く、着実に一歩ずつ前に進む様子。頑張る姿に、好感を持つ人は少なくない

【例】池田さんは、地道に仕事をこなしていくタイプですね。

朴《ぼく》訥《とつ》な

たとえ口ベタだとしても、ぬくもりが伝わり人の心は動かされる

【例】渡辺さんは、純粋で朴訥な方ですね。

ぎこちない

自分より立場が下の人に対して、フォローの言葉を添えるとプラスに作用する

【例】西田さんは、仕事のやり方にぎこちないところもありますが、努力家で堅実な方です。

乱雑な

ranzatsuna

視点を変えると個性のひとつ

好感度UP!

生活感がある

多少汚なくても、そこにいる人の姿がイメージできる「温かみのある」空間は、魅力的

【例】この部屋には、生活感がありますね。

使いやすさを考えた

使う人の数だけが配置され、まるで計算し尽くされたかのように

【例】このスペースは、使いやすさを考えた作りですね。

にぎやかな

モノであふれた空間をポジティブに表現。若干の皮肉に思われることも

【例】このオフィスは、なかなかにぎやかですね。

神経質な

shinkeishituna

使い方によっては、これほど役立つことはない

好感度UP!

よく気がつく

「ここまでやってくれてありがたい」という気持ちで

【例】鳥山さんは、よく気がつく方で助かります。

細やかな

イヤミに聞こえないように

【例】辺見さんは、細やかな気くばりをされる方ですね。

整《せい》理《り》整《せい》頓《とん》された

具体的な行為について評価する際に

【例】吉井さんの机は、いつも整理整頓されていますね。

消極的な

shoukyokutekina

なんでも積極的なことが良いわけではない

↓ **好感度UP!**

慎重な

失敗をしないように、コツコツ確実に目標に到達できる人向け

【例】森口さんは、慎重に物事を運ぶタイプだね。

シャイな

誰もが、昔はたどった道。温かい目で

【例】石川さんは、かなりシャイな方ですね。

大らかな

何でも受け入れる包容力を持った人は、安心感を与える

【例】村井さんは、大らかな方でホッとしますね。

狭い

semai

狭いながらも、よく見ると良さがある

好感度UP!

こぢんまりとした

使い方によっては皮肉にも受け取られかねないので、注意が必要

【例】この家はこぢんまりとした造りで、よく考えられていますね。

目の行き届く

何がどこに置いてあるかが一目でわかり、必要なモノがすぐに手が届く場所は、便利なもの

【例】隅の方まで目の行き届く部屋で、便利ですね。

コンパクトな

「すっきりとまとまった状態」が伝わる

【例】このコンパクトなスペースを、うまく使いこなしたいですね。

むかつく

mukatsuku

感情的になったとき、思わず言ってしまわないように

好感度**UP!**

怒りたくなる

些《さ》細《さい》なことでは、ここまでに至らない

【例】まったく、ああいう言い方をされると、怒りたくなるよ。

腹立たしい

やりきれない気持ちを、平静に努めながら

【例】こういうクレームは、本当に腹立たしい限りです。

何か言ってやりたい

周囲へ同意を求めるようなニュアンスで

【例】あの接客態度には、何か言ってやりたい気持ちですよ。

うざい

uzai

何でもかんでも、この一言で片づけないように注意

好感度UP!

空気が悪い

空気や雰囲気が気に障ったとき、遠回しに

【例】ここは、空気が悪いからあちらに行きましょう。

近寄りたくない

こちらから、危険を察知して逃げる感じで

【例】この場所には、近寄りたくないなあ。

お腹が一杯

「うっとおしい」気分でこれ以上受け入れたくないとき

【例】いや、これ以上はもう、お腹が一杯です。

だめな

damena

つい何度もつかいがち

好感度UP!

～の方が良い

あくまでもプラスに置き換えることが大事

【例】ここを、こうした方が良いですね。

よくない

やや、マイルドなニュアンスで

【例】あのプランは、実行するとよくないですよ。

危険な

結果を匂わせることで、遠回しにNGを出している

【例】このまま進めたら、危険ですよ。

きもい

kimoi

省略して言えば良いわけではない

↓ 好感度**UP!**

合わない

相手に対して気持ちが悪いのは、場に合っていないから

【例】これは、やっぱり合わないなあ。

ちょっと苦手

好き嫌いは、それが受け入れられるかどうかにかかっている

【例】う～ん、私には、ちょっと苦手なタイプです。

目をつぶる

受け入れられないのなら、見ない方がまし

【例】この光景は、目をつぶるしかありません。

遠い

toi

「物理的な遠さ」をいかに補えるか

好感度UP!

少し距離がある

実際の距離は縮められないが「それでもなんとか…」という感じで

【例】私の自宅から会社までは、少し距離があります。

あと少し

「気持ちはつながっている」というニュアンスで

【例】なるほど、そちらにはあと少しで着きます。

あっという間に

大した距離ではないことに実感をこめて

【例】ここまで、あっという間に着きましたよ。

がんこな

gankona

声の調子で、その「がんこさ」の程度がわかる

好感度UP!

こだわりのある

あくまでも良い意味で

【例】三田さんは、なかなかこだわりのある方です。

確信を持った

そうでなければ、そこまで自信は持てないもの

【例】沼田さんは、確信を持って意見を述べました。

意志を曲げない

成し遂げようとする気持ちを尊重して

【例】大川さんは、「これだ」と決めた後は意志を曲げない方ですね。

くだらない

kudaranai

なんでもその一言で片づけるのは惜しい

好感度UP!

合わない

無理に相手に合わせる必要はない

【例】なるほど。ちょっと私には合わないみたいですね。

興味がない

「人は人」「自分は自分」というニュアンスで

【例】そうですか。私にはあまり興味がないので何とも言えませんが…

そういうのもあり

一歩引いた視点で

【例】やはり、そういうのもありますよね。

ずるい

zurui

「汚い」「ひきょうだ」と言ったところで後の祭り

好感度UP!

まいった

「やられた！」と、感心したニュアンスで

【例】その手があるとは、まいったなあ…

やられた

意表を突かれて降参《こうさん》した感じで

【例】今回は、福田さんにやられましたよ。

先手を取られる

後で、巻き返しを図る気持ちをこめて

【例】矢島さんには先手を取られましたけど、まだまだこれからですよ。

辛い

tsurai

口に出すと、ますます気持ちが重くなる

↓ **好感度UP!**

正念場だ

「ここを乗り切れば、道は開ける」というニュアンスで

【例】今が一番の正念場です。

キビシー

あくまでも、さらっと言う感じで

【例】いや～、今回はキビシーですね～。

私には荷が重い

さりげなく白旗を上げることは、悪いことではない

【例】このプロジェクトを担当するのは、私には荷が重いです。

自分勝手な

jibunkattena

良いも悪いも、まわりに影響を与えている

好感度UP!

マイペースな

「やるときはやる」というニュアンスで

【例】土田さんは、本当にマイペースな人だ。

アクティブな

何事も、前向き思考で

【例】なかなかアクティブな仕事ぶりだ。

自主的な

自分の頭で考えて行動できるすばらしさ

【例】朝は自主的に 30 分早く出社しています。

だらしない

darashinai

まわりに影響を及ぼさないように

好感度UP!

あまり気にしない

自分を中心に世界が回っている様子で

【例】瀬川さんの机のまわりは荷物がたくさんあるけど、あまり気にしないなあ。

ゆったり

なごませる力もあるのです

【例】ここは、好きなものが置いてあってゆったりした空間ですね。

動じない

ここまでくれば、一見の価値あり

【例】どんなときも、中根さんは動じませんね。

短気な

tankina

「短期は損気」と言うけれど…

好感度UP!

気が早い

思い立ったらすぐ行動。フットワークの軽さを目の前にして

【例】ま、待ってください。随分気が早いですね～。

結論が早い

「ちゃんと考えているのか？」という不安も感じさせながら

【例】本当に、秋田さんは結論を出すのが早いですね。

待たせない

ビジネス上では、なかなかできないもの

【例】江藤さんの人を待たせない姿勢には、感心しますよ。

図々しい

zuzushii

そう思っても、なかなか言えない言葉

好感度UP!

度胸がある

命知らずは、マネできない

【例】与田さんって、度胸あるよな〜。

物怖じしない

半ば、あきれる様子で

【例】藤原さんは、どこへ行っても物怖じしないよな…

堂々としている

ここまでできれば、言うことなし!

【例】本村さんは、誰が相手でも堂々としているねえ。

厳しい

kibishii

言う方も言われる方も、後味が悪い

好感度UP!

ドライな

ビジネスシーンでは、このくらいがちょうどよさそう

【例】曽根部長は、数字にはドライですね。

辛口な

評論家、コメンテーター風に

【例】いや〜、目黒さんの評価は常に辛口ですよね。

威厳がある

風格、貫禄を感じさせる人に使いたい

【例】社長は、いつ見ても威厳がありますね。

生意気な

namaikina

面と向かって言うと、子供じみて波風の立つ言葉

↓好感度**UP!**

若い

自分にもそのような時期があったなあ…と思い起こしながら

【例】小宮山の考え方は、まだまだ若いなあ。

調子がいい

世渡り上手を、ほめてけなす感じで

【例】相川は、いつも調子がいいんだから。

元気がある

元気は若さの特権です

【例】それにしても、元気があるのはいいことだ。

みにくい

minikui

視点を変えることで、違う価値観が見えてくる

好感度UP!

個性的な

何かひとつでも特徴があれば「個性」になる

【例】森田さんの服装のセンスは、とても個性的ですね。

特徴のある

いい悪いはともかく、他に真似のできない点をアピール

【例】上村さんのファッションセンスには、非常に特徴がありますね。

中身で勝負の

外見はさておき、内面や中身の目に見えない隠れた部分に視点を向ける

【例】浅井さんは、中身で勝負するタイプだね。

劣る

otoru

良くないことは、希望も添えて

↓好感度UP!

可能性を秘めた

現在はまだまだでも、将来的には伸びる力を秘めているニュアンスで

【例】樋口さんの能力には、まだまだ可能性を秘めているから、期待してるよ。

荒削りな

完璧ではないけれども、良い部分があるときに使える。フォローの言葉を補うと良い

【例】石田さんは荒削りですが、光るものがありますね。

後は上がるだけ

落ちるところまで落ちたら、後は前進あるのみ。若干なぐさめもこめて

【例】今までは調子が良くなかったようですが、後は上がるだけですよ。

まとめ

好感度がアップする一言

ものにはいろいろな言い方があり、同じ意味でも言い方ひとつでガラリと印象が変わります。

「好感度がアップする一言」では、感じの良い言い方が大きなテーマになっていますが、自分と相手の気持ちに合った言い方を選ぶことが肝要です。

この章で紹介した以外にも、ひとつの言葉から派生する言い方は無数にあり、その材料は実際の会話はもちろん、テレビや映画、本など、どこにでもあります。

ぜひ、使って良かった言葉や自分なりに工夫した言葉を加えて、新しい言い回しを増やしていってください。

話し方は、「聞き手」が判断しますので、相手の状況やタイミングを考えて、言葉を選ぶ必要があるのです。

この章では、前章「好感度がアップする一言」の言葉の選び方をさらに発展させるべく、セリフを基にした実践編です。

特に日常で起こりやすく、相手を傷つけたり、本意が伝わらずに誤解が生じてしまいがちな「**言いにくい表現**」「**伝わりにくい表現**」に焦点を当てています。

すぐに使える「モノの言い方」

具体的には、「断わる」「お詫びする」「まとめる」などのテーマごとに、どのような話し方をすれば相手を傷つけることなく、キチンと自分の意思を伝えることができるかについて、シチュエーション別に解説しています。

断わる①

kotowaru

場面

親しい人の誘いを明確に断わる言葉

「申し訳ありません。その日は、どうしても外せない先約がありまして…」

行きたい気持ちとは裏腹に、物理的に不可能であることを伝える

「非常に残念ですが、その日は仕事でして…。また誘ってください」

行けないことへの悔しさを伝え、次回へつなげる言葉を添える

「お誘いはありがたいのですが、予定が入っていまして…」

誘ってくれたことに対する感謝を伝える

断わる②

場面　煙たい人の誘いにお茶を濁す言葉

「お誘いはありがたいのですが、日程が不確定でして…」

いつ日程が決まるのかはさておき、当たり障りがない断わり方

「申し訳ありません。すぐにご返事ができないのですが…」

後はフェードアウトして、自然に話が消え去ることを待つのみ

「締め切りに追われておりまして、どうなるかわからないのです…」

手一杯で、他のことを考える余裕がない状態をアピールする

断わる③

場面

暗に断わりを伝える言葉

「時期が時期だけに難しいと思いますよ」

断言せずに「無理オーラ」を漂《ただよ》わせて可能性の低さを伝える

「何人もの方が同じようなお話を持ってきてくださるのですが…」

その後に続く「お断りしているのです」を伝えないのが大人的

「好きな趣味を棚上げにしている状況でして…」

それくらい余裕がないことをわかってほしいと、表情でもアピールを

断わる④

場面

相手の気分を損ねずに断わる言葉

「ずっと楽しみにしていたのですが、○○の理由のために難しい状況でして…」

行きたかった気持ちと、相応の理由があると相手も納得するはず

「いろいろと調整はしたのですが、どうしても動かせない予定が入っておりまして…」

やるだけのことはやってみたが、それでも無理だったという感じで

「お引き受けしたいのは山々ですが、とても残念です。次回はぜひお願い致します」

今回はダメでも、次回のアピールをすることで今後へつなげる

断わる⑤

場面　大きなお世話をサラリとかわす言葉

「ありがとうございます。もう何回もしていることですから…」

気を遣ってくれたことの御礼があると、相手も嫌な気はしないはず

「十分に気をつけてやりますのでお任せください」

心配は無用。抜かりはないことを伝える

「おかげさまで、とても順調に進んでおります」

うまくいっていることには、ヘタに手を加えない方が良い

断わる⑥

場面

借金の申し入れを断わる言葉

「こちらにも余裕がありませんので、お役に立てず申し訳ありません」

情に流されず、力になれない理由を添えてはっきりと断わる

「私の方も金銭的に苦しい状況にありまして、残念ながらお力になれません…」

相手に、他をあたるしかないと思わせる

「お金の貸し借りはしないことにしておりますので、お断わり致します」

「貸さない」強い意志と、人間関係に多少ヒビが入ることも覚悟で

断わる⑦

場面

売りこみを断わる言葉

「間に合っています」

「ダメなものはダメ」と、強い意志で断わる王道のフレーズ

「必要ありません」

ヘタなスキを見せず、あいまいにせずに断言する

「何かあればこちらから連絡致します」

裏を返せば、何もなければ連絡しないということ

注意、忠告する①

chui,chukoku suru

場面　相手の間違いを気づかせる言葉

「ひとつの案として、こうしてみてはいかがでしょうか？」

意見を押しつけるのではなく、あくまでも相手に判断を委ねる

「この方法は、○○さんがやってみてうまくいかなかったそうですよ」

失敗例を提示することで、間接的に伝えると説得力がある

「別の角度から見ると、このようになりますが、いかがでしょうか？」

間違いを指摘するのではなく、提案する形だと受け入れやすい

注意、忠告する②

場面

同僚のマイナス部分を指摘する言葉

「気になっていたのですが、ここのところはどうなっていますか？」

同じ目線で質問することによって、相手に気づかせる

「ここのところを変えた方がより良くなると思うのですが…」

現状よりも、良くするために提案していることを伝える

「この点を良くないと思う人も、いると思いますよ」

相手のためを思って、客観的な意見であることを伝える

注意、忠告する③

場面

上司のマイナス部分を指摘する言葉

「この点がわからないのですが、どうしてこうするのですか？」

疑問形で、上司自らが理由を考えることによって気づかせる

「このようなやり方では、いかがでしょうか？」

否定するのではなく、新たに提案することによって気づかせる

「この点がわかりにくいと他の人に言われたのですが、どう説明したら良いでしょうか？」

他人の意見という「間接的なフィルター」を通して伝える

注意、忠告する④

場面

部下のマイナス部分を指摘する言葉

「この点は気をつけないといけないよ。後で苦労するから」

経験を多く積んだ者ゆえ、心配していることを伝える

「ここはかなり良くなっているから、あとはこの点を直してみたらどうかな？」

相手を認めた上で指摘すると、聞き入れてもらいやすい

「ずいぶん上手になったね。あと、もう一息だ。期待しているよ」

気持ちを汲み取ると同時に、まだ不十分なことを伝える

注意、忠告する⑤

場面

年上の部下のマイナス部分を指摘する言葉

「○○していただけると助かるのですが…」

相手のプライドを考慮に入れ、丁寧な口調で指摘する

「他から指摘がありまして、○○について確認していただけますでしょうか？」

第三者を介しての指摘は、お互いの嫌な気分が軽減しやすい

「どうなさったんですか。いつもの○○さんらしくないですよ」

いつもは頼りにしていることが伝わると、相手も受け入れやすい

注意、忠告する⑥

場面

お客様のマイナス部分を指摘する言葉

「書類に1ヶ所空欄がございまして、書きこんでいただきたいのですが、よろしくお願い致します」

丁寧な口調であるかどうかで、受ける印象はまったく違う

「説明不足で申し訳ございません。このようにしていただきたいのですが」

腰の低さと同時に、伝えるべきことを「やんわり」と伝える

「書類の内容について、ご面倒をおかけ致しますが、確認していただけますでしょうか？」

あくまでも目的が果たされるために、伝え方を意識する

批判、反論する①

hihan, hanron suru

場面　感情を抑えつつも自分の意志を通す言葉

「いろいろとご意見のあることは承知していますが、一度やらせていただけないでしょうか？」

すべて承知した上での発言は、強い意志を感じる

「実績のないことはおっしゃるとおりです。しかし、何事も初めてはあるわけですからお願い致します」

一旦相手のことを聞き入れつつ、説得する

「ご心配はありがたいのですが、こればかりはやってみないことには何とも言えません」

意見を通すための「テクニック」はいろいろあるが、最後は熱意を

批判、反論する②

場面　相手の考えに納得していないことを伝える言葉

「ちょっと気になるところがあるのですが…」

「待った」を匂わす言葉で、モヤモヤ感を伝える

「まだ考える余地があると思うのですが…」

充分に納得しないと、なかなかスタートはきれないもの

「今ひとつスッキリしない部分があるのですが…」

言いたいことが言えないと、気持ちが悪いと思わせる

批判、反論する③

場面

相手の意見の矛盾を指摘する言葉

「先日のお話では、○○とお聞きしたように思いますが…」

「確認」のために指摘するだけで、相手を攻めるわけではない

「ご指示していただいた通りに進行しているのですが…」

自分としては落ち度がなく、「他に原因があるのでは？」風に

「この点を○○と考えると、わからない部分があるのですが…」

多少直接的で、「質問」というオブラートに包んだ言い方で

批判、反論する④

場面　場の雰囲気を壊さずに意見する言葉

「おっしゃることはごもっともですが、もう少し具体的に詰めておくことが必要ではないでしょうか？」

一旦全体の空気を取りこみ、譲歩と主張のバランスをうまく取る

「反対する気持ちも、わからないわけでもありませんが、これが最善策だと考えているのですが…」

断言されると、かえって聞き入れにくいので、より柔らかい表現で

「皆さんの努力は十分理解しているつもりですが、方針を変えないといずれ立ちゆかなくなります」

自分勝手な言い分ではなく、「全体のことを考えた発言」風に

批判、反論する⑤

場面　相手のプライドを傷つけずに提案する言葉

「非常に良くできていますので、こうするとさらに良くなると思うのですが…」

基本は「相手を認めながら、改善」という形で

「現状をより良くするためには、このようなやり方はいかがでしょうか？」

「良くしていきたい」という共通の目的意識がある場合に効果的

「○○さんもすでに気づいているかもしれませんが、ここに手を加えてはいかがでしょうか？」

「仕事のできる、センスがいい○○さん」と、持ち上げてから

批判、反論する⑥

場面

上司の指示に反論する言葉

「ご指示の内容はわかりましたが、今行っている急ぎの仕事はいかが致しましょうか？」

理不尽な指示だとしても、感情的にならずに相手に気づかせる

「ご指示の内容ですと、現在行っているものは中断することになりますが、よろしいでしょうか？」

自分の意見を主観的に伝えるのではなく、客観的な反対材料を示す

「急ぎだということはわかりますが、現状を考えるとすぐに対応することは難しいと思います」

「できない」発言は、「気持ちの問題」と判断されやすいので論理的に

批判、反論する⑦

場面

自分のミスではないのに責められたときの言葉

「おっしゃることはよくわかります。状況を考えると、誤解されているのではないでしょうか？」

お互い感情的にならずに、とりあえず事実の確認をする

「私はそこにいなかったのでわかりませんが、何かの間違いではないかと思うのですが…」

客観的な証拠と、落ち着いた対応が解決に導くためのポイント

「念のため確認してみますが、それは私の担当ではないと思います」

とりあえず確認してみることで、速やかに誤解はなくなる

取り繕う①

toritsukurou

場面　名前を忘れてしまったときの言葉

「○○会社さんでは…」

会社名や役職名で、なんとかその場を乗り切る

「（○○さんは）もう入社してどれくらいになりますか？」

ときには、主語を省いて会話を進めることも有効

「申し訳ありません、お名前をもう一度お伺いしてもよろしいでしょうか？」

傷が浅い内に聞き出すのは、失礼には当たらない

取り繕う②

場面

名前を間違えてしまったときの言葉

「大変失礼致しました。親しい知人と間違えていました」

まずは謝り、間違えた理由をそれとなく伝え悪気のなかったことをアピール

「大変失礼ですが、○○さんのお名前の読み方を確認させていただいてもよろしいでしょうか？」

相手の名前をしっかりと覚えようとする姿勢を見せながら

「すみません。勘違いして覚えていました」

「覚え間違え」という愛嬌《あいきょう》で、なんとか乗り切る

取り繕う③

場面　気まずいことを言ってしまった場を取り繕う言葉

「個人的には○○と思いますが…」

公の発言と区別した「独り言の延長」と解釈してもらう

「○○と、そんなことがよく言われているようですよ」

気まずい言葉の後に、すかさず「自分の発言ではない」とフォローを

「ちょっと言いすぎましたが、これも○○のためだと思って言ったのです…」

発言の真意を伝え、「悪気はない」ことをわかってもらう

取り繕う④

場面　相手の話が理解できなかったときの言葉

「もう少し、詳しく説明していただけないでしょうか？」

この場合の「詳しく」は「わかりやすく」という意味

「別の言い方をすると、どうなりますでしょうか？」

ヒントとなる切り口を探し、「理解したがっている」ことを伝える

「うーん、難しいですね…」

「真剣な顔をして考えこんでいる」とアピール

取り繕う⑤

場面　話を聞き逃したときにうまく取り繕う言葉

「すみません。今のところをもう少し詳しくお願いします」

下手に出ながら、さらに詳しく話を聞きだす

「確認させていただきたいのですが、○○と考えてもよろしいのでしょうか？」

相手の言っている意味が、どうにでも解釈できるときに

「なるほど、そうですか…」

話の流れを止めずに、とりあえず「あいづち」で意思表示

取り繕う⑥

場面　話がつまらないときにうまく取り繕う言葉

「なかなか、難しいお話ですね…」

深刻過ぎず、軽薄過ぎず一生懸命聞きましたが…という感じで

「では、今度またゆっくり聞かせてください」

話がひと区切りしたとき、「とりあえず今日のところは…」風に

「なるほど…」

相手の気分を害さない程度に「可もなく不可もない」空気を作る

取り繕う⑦

場面　会話がとぎれてしまったときの言葉

「最近、お仕事はいかがですか？」

どのビジネスマンにも共通する「会話のきっかけ」

「ところで、調子はいかがですか？」

仕事・趣味・体調など、ジャンルを問わずに使える

「今日は、いつもより寒いですね」

暑さ・寒さ・空模様など、困ったときのお天気ネタ

取り繕う⑧

場面

誤解を解くときの言葉

「誤解していただきたくないのですが、○○という言葉は良い意味で使いました」

話の真意を理解してもらうために念を押し、悪気のないことを

「他意はありません。○○はこのような意味で使いました」

「言葉の裏を勘ぐる」など、余計な誤解を避けるために

「適切な言葉かどうかはわかりませんが、○○はこのような意味で使いました」

失礼なことでも発言できる、ちょっとした前置き

伝える①

tsutaeru

場面

心配していることを暗に伝える言葉

「いつでも連絡してください。すぐに時間を作りますよ」

ストレートに伝えずに、間接的に見守っている感じで

「困ったことがありましたら、遠慮なさらずにご連絡ください」

「いざ」というときには、いつでも力になる安心感を

「いつも気にかけていますので、どうぞお気軽にお声をかけてください」

気にかけている姿勢は、相手には頼もしく感じる

伝える②

場面

「会いたい」という気持ちを重苦しくなく伝える言葉

「近々お話しできればと思います」

「会う」ことを間接的に連想させる言葉で

「お目にかかれることを楽しみにしております」

負担にならない程度に

「ぜひ、ご一緒させてください」

同行したいことを、さりげなく

伝える③

場面

不満をさりげなく伝える言葉

「意図していたものと、若干違ってきましたね」

方向性の誤りなど「うまくいっていない」と示す、含みのある言葉

「このままですと、何かが足りないようですね」

手放しで喜べず、満足した状態ではないことを暗に示す

「何か別の方法はありませんか?」

直訳では、「このままの方法では良くない」

伝える④

場面　プレッシャーにならずに期待を伝える言葉

「いつも通りやっていただければ、大丈夫です」

「平常心でベストを尽くすこと」を柔らかく

「あなたにお任せすると、安心して見ていられますよ」

相手をリラックスさせると同時に、信頼しているニュアンスで

「でき上がるのを、楽しみにしています」

ポジティブな言葉には、温かく見守っているメッセージが

伝える⑤

場面

相手に満足感を伝える言葉

「とてもおもしろかったです」

感想を述べるとき、何にでも使える

「やっぱり、来て良かったですね」

誘った人が相手の評価を気にしているときに、ほっとさせる

「充実した、いい時間でした」

「いい１日」にも置き換えられる。しみじみ言うと深みが増す

伝える⑥

場面

いやみにならずに自慢する言葉

「おかげさまで、うまくいきました」

何のおかげかは言わずに、「自分が」という気持ちを薄める

「良くできたとも思いますが、運にも恵まれました」

「運」を含ませることで、自画自賛の気持ちを和らげる

「何度も失敗した分、いいモノができました」

途中に失敗があったことを表すことで、聞く人は共感できる

伝える⑦

場面

年上の人をフォローする言葉

「○○さんだからこそ、ここまでできたのだと思います」

「他の人がやっていたら、もっと良くない結果になっていた」風に

「○○さんにしては、珍しいですね」

「実力があるのに、今回は何かの間違いだ」というニュアンスで

「今回は、状況が状況でしたから…」

なぐさめるふうにして、相手の「いいわけ」を聞き出す

お詫びする①

owabi suru

場面

うっかりミスをお詫びする言葉

「大変失礼致しました。準備不足で取りかかったのは、不用意でした」

まずはお詫びをし、理由をさりげなく

「すみませんでした。お恥ずかしい限りです」

きっぱりと謝り、次回は恥をかかない姿勢で

「気づきませんで、ご迷惑をおかけ致しました」

故意ではないことを伝えつつ、潔《いさぎよ》く

お詫びする②

場面　予想外の失敗が起こってしまったとき、お詫びする言葉

「繰り返し注意していたにもかかわらず、ご迷惑をおかけしてしまい、申し訳ございません」

とにかく「言葉以上に真剣さ」が大事

「すみませんでした。チェックにチェックを重ねたのですが…」

できる限りのことをして、起きてしまったことを詫びる

「いつも以上に慎重に対応したのですが、ご迷惑をおかけして申し訳ございません」

作業に怠りはなかったことなど「客観的な要素」があると良い

お詫びする③

場面　上司に叱られたとき、お詫びする言葉

「申し訳ありませんでした。失敗を取り戻すように頑張ります」

素直に謝り、今後へ取り組み方をアピール

「ご指摘ありがとうございました。以後、十分に気をつけます」

感謝されれば、相手もそれ以上は言わない

「ご迷惑をおかけ致しました。今後はミスをなくすよう慎重に取り組みます」

原因を把握して反省し、失敗を活かすことをアピール

お詫びする④

場面　お客様に叱られたとき、お詫びする言葉

「誠に申し訳ございませんでした。不手際がありましたことをお詫び致します」

お客様は第一声で判断するので、まずは心から誠意あるお詫びを

「大変ご迷惑をおかけ致しました。十分注意の上、すぐに対処致します」

自分に非があることはきちんとお詫びして、今後の対応を述べる

「このたびの不手際につきましては、お詫びのしようもございません。申し訳ございませんでした」

これ以上ない謝罪であることを暗に示して

お詫びする⑤

場面

他の人の失敗をお詫びする言葉

「このたびは私どもの不注意によりご迷惑をおかけしてしまい、誠に申し訳ございません」

少しでも関わっていれば、自分にも責任がある

「○○の件は、私の不徳の致すところで、大変ご迷惑をおかけ致しました」

うまく管理できなかった自分への問題として

「今後は、このようなことが起こらないようにしっかりと指導致します」

お詫びとともに、今後の姿勢を見せて誠意を伝える

お詫びする⑥

場面

ドタキャンをお詫びする言葉

「誠に申し訳ございません。急に体調を崩してしまいまして…」

丁寧なお詫びと、説得力のある理由で

「どうしてもはずせない用件ができてしまいました。急な予定変更を心よりお詫び申し上げます」

「どうしても」に、申し訳ない気持ちをすべてこめて

「貴重なお時間をいただいたにもかかわらず、急な仕事が入ってしまい、申し訳ございません」

急に入った仕事に対する「恨み」を相手に訴える感じで

切り出す①

kiridasu

場面　悩みを相談する切り出しの言葉

「言おうか、言うまいか随分迷ったのですが…」

前置きをすることで、相手の聞く準備ができる

「こんなことを話すと、笑われるかもしれませんが…」

相手は笑わずに、少なからず真剣に聞いてくれる

「○○さんでしたら、わかっていただけると思いまして…」

信頼されることで、相手はいつも以上に理解に努める

切り出す②

場面

お金のことを切り出す言葉

「折り入って、ご相談したいことがあるのですが…」

丁寧にお願いすることによって、少しでも話を切り出しやすく

「とても言いにくいことなのですが…」

勘のいい人は、この切り出し方で「お金の話」だと察知する

「誠に勝手なお願いで申し訳ないのですが…」

改まった切り出し方は、相手も「ただごとではない」と感じる

切り出す③

場面

貸していたモノを返却してもらうよう催促《さいそく》する言葉

「そういえば、○○をお貸ししていましたよね」

まずは確認して、相手に貸していたことを気づかせる

「以前お貸ししたモノなのですが、ちょっと使う用ができてしまいまして」

無理に催促するより、返してもらった後の目的を伝える

「急にどうしても必要になりましたので、お返しいただけると助かるのですが…」

お互いイヤな気持ちにならぬよう、必要に迫られていることを示す

切り出す④

場面

話に興味を持ってもらうために切り出す言葉

「初めてお聞きになることかもしれませんが…」

相手に新鮮な気分で聞いてもらうための、ちょっとしたアプローチ

「『もし自分のことだったら』と思って、聞いていただきたいのですが…」

自分に置き換えることで、興味を持ってもらう

「聞いておいて損はないと思いますが…」

人は、得する話に弱いもの

切り出す⑤

場面

反対が予想される話を切り出す言葉

「確かに○○でも良いのですが、さらに良くするためには…」

反対材料を把握した上でより良い意見を提案すると、説得力が増す

「反対意見があるのも、もっともなことなのですが…」

反対しようとする相手の意見を、先に封じこめてしまう

「○○について、お知恵を拝借できればと思いまして…」

無理に話を通すことより、力を借りる気持ちで臨《のぞ》むことも

切り出す⑥

場面

話に途中から参加するときの言葉

「お話し中、失礼致します」

話の流れを読み、人の家を訪ねるように礼儀を持って

「話の腰を折るようで申し訳ないのですが…」

この前置きがあれば、実際に話の腰を折ったとしても大丈夫

「話が盛り上がっているところ、申し訳ございませんが…」

盛り上がっていなくても、冗談めかして話に入りこむことも

答える①

kotaeru

場面

ほめられたときの受け答えの言葉

「ありがとうございます。皆さまのお力添えがあってこそです」

お礼の言葉と、自分だけの力ではなかったことを伝える

「ありがたいお言葉。これも、皆さまのおかげです」

相手の言葉を共有すると、喜びを共感しやすい

「大変恐縮しております」

自慢気な態度より謙虚な方が、相手も応援したくなる

答える②

場面 いやみを言われたときにスマートに返す言葉

「そのような見方もあるのですね。参考に致します」

さらりと受け流し、それ以上会話が進まないように

「そうですか、私自身あまり気にしていなかったもので…」

挑発に乗って、同じ土俵で勝負した方が負け

「それはそれで、心に留《と》めておきたいと思います」

無視するのは大人気ないので、とりあえず聞いているポーズで

答える③

場面 すでに知っていることを相手が言ってきたときの言葉

「なるほど…」「そうなんですか…」

知らないフリをして相手を立て、とりあえず聞いておく

「そうなんですか。どこでお聞きになりましたか？　実は私も…」

話に興味を示しながら、自分も知っていることを伝える

「何かでちょっと耳にしたことがありますが、それでどうなりましたか？」

うろ覚えで、正確な情報は初めてという感じで

答える④

場面 断わられたときに気持ち良く受ける言葉

「無理なお願いをして申し訳ございません。失礼致しました」

「頼んだ方が悪かった」という空気を作る

「勝手なお願いをして申し訳ありません。これからもどうぞよろしくお願い致します」

今回は今回と割り切り、今後も良好な関係を続けていく感じで

「無理を承知でお願いしたことですので、どうぞお気になさらないでください」

「ダメモトでのお願い」という逃げ道があると、相手も気が楽になる

まとめる①

matomeru

場面　結論に導くときの言葉

「これまでの議論をまとめますと…」

まとめ作業をすることで、結論に向かっていることを示す

「それでは、○○と考えてもよろしいですね」

確認することで、話が佳境に入ったことを伝える

「最後に、ひとつだけお聞きしたいのですが…」

「最後に」と質問を限定することで、的を絞った答えを促す

まとめる②

場面　話を気持ち良く終わらせたいときの言葉

「いろいろとご意見をいただき、ありがとうございました」

感謝の言葉で幕を閉じるのは、心地の良いフィナーレの定番

「では、○○の点をよろしくお願い致します」

「よろしくお願い致します」は代表的な締めの言葉

「おかげさまで、非常に中身の濃い打ち合わせができました」

「終わり良ければすべて良し」という感じで

まとめる③

場面　優柔不断な人に決断を促す言葉

「それでは、『できる』ということでよろしいですね？」

思わず「はい」と言ってしまう「ＹＥＳを言いやすい」内容で

「明日までに結論が欲しいのですが、いかがですか？」

期限を設定することで、相手に「早く決断をしなければ」と思わせる

「このようにするのが、最善策ではないでしょうか？」

「ベストな方法」であると、後押しする言葉を添える

まとめる④

場面

混乱している話を整理する言葉

「○○という意味で考えてもよろしいですか？」

方向性を示したり似たような言葉の言い換えで、内容を確認

「現在のところ、○○ということになっていますが…」

話が二転三転しているときには、確認が必要

「ちょっと、ここまでのところを確認したいのですが…」

混乱したときは、こまめに振り返ることも大切

転換する①

tenkan suru

場面　脱線した話を元に戻す言葉

「非常におもしろい話ですね。では、本題に戻りますと…」

脱線話を受け入れつつも、話はしっかり元に戻す

「ところで、○○についてはどうなっていますか？」

接続詞で、話の転換を示す合図を送る

「今日は、○○についてお話していただきたいのですが…」

聞きたいことを相手に伝えることで、話を絞る

転換する②

場面

険悪な場の空気を変える言葉

「（笑顔で）なんだか難しくなってきましたね」

笑うことによって、周囲にも気持ちを伝染させる

「ちょっと落ち着いて、冷静に考えてみましょう」

漂っている重苦しい空気を変えて、リセットする

「○○については、解釈の違いがあるのかもしれません」

誤解を解き、「誰も悪者ではない」ことを確認

転換する③

場面　都合の悪い話から話題を変える言葉

「その点を議論すると、話はなかなか先に進みませんので…」

話の主導権を握り、面倒くさい話になることを匂わせる

「現時点では、まだはっきりとお伝えできないのですが…」

苦しい状況を相手に理解してもらい、先延ばしにする

「その件は、改めて別の時間を取りますので、そのときにお願い致します」

話に触れないようにして煙に巻く

転換する④

場面

自分の聞きたい話に持っていく言葉

「ここだけの話ということにしておきますので、お願いします」

「秘密」を共有すると、話しやすくする

「思いきってお聞きしますが…」

勇気を出して聞くことで、相手の同情を誘う

「ずばりお聞きしたいのですが…」

直球勝負で相手の心を開く

ほめる①

homeru

場面　相手を持ち上げる言葉

「ここまでできる人は、なかなかいないですよ」

オンリーワンであることを刺激。具体的な理由があると効果的

「やっぱり○○さんがやると、違いますね」

比較した上でのほめ言葉は、説得力がある

「みんなが頼りにするのもわかりますよ」

「周囲の評判」という目に見えない力を利用

ほめる②

場面

相手を間接的にほめる言葉

「○○さんが選ぶのは、やはりセンスのいいモノばかりですね」

「客観的な要素」をほめることによって、説得力が増す

「××さんが認めるだけのことはありますね」

実力のある人、権威のある人、見る目がある人を用いる

「こんなにうまくまとめられる人は、なかなかいないですよ」

あえて抑え気味にほめたり、希少性を打ち出したりと工夫する

ほめる③

場面　相手のやる気をかきたてる言葉

「○○さんは、いつも期待以上の結果を出してくれますからね」

そう言われると、また期待以上の結果を出そうと思う心理を突く

「誰にでも頼めるものではないですよ」

逆説的に「あなたしかいない」ということを伝える

「この件に関しての第一人者ですから、お願いします」

お願いされる必然性があると、相手の心にも火がつく

ごまかす①

gomakasu

場面

相手の提案をうまくかわす言葉

「これは…何とも言えないですね」

ちょっと難しい表情をしながら、相手に気持ちを悟ってもらう

「微妙ですね…」

はっきりしない、複雑な気持ちを端的に表して

「悪くはないのですが…」

どこかはっきりしない「消化不良」という逃げ道を作る

ごまかす②

場面　さりげなく主張を押し通す言葉

「皆も賛成してくれていますので…」

弱みにつけこむ定番の「多数決の論理」

「このような機会は、めったにありませんよ」

「これを逃したら…」という囁きが、頭の中でこだまする感じで

「今やらなくて、いつやるのですか」

なぜか相手が焦ってしまうほど、説得力がある

ごまかす③

場面

大きな負担を小さく感じさせる言葉

「費用はかかりますが、予想した結果以上のものが得られると思います」

マイナスもきちんと伝え、それ以上に魅力的なプラス面を伝える

「この苦労が将来の財産になります」

抽象的なフレーズでも、希望にあふれる夢や言葉は人を動かす

「コストも大きいですが、メリットも大きいです」

カタカナ言葉で両方とも大きいと言って、基準をはぐらかす裏技

頼む①

tanomu

場面　無理なことをお願いする言葉

「○○さんを見こんで、お願いしたいのですが…」

「その人しかいない」という期待感をこめて

「これはとても難しいことなのですが、○○さんでしたらできると思うのですが…」

相手の自尊心をくすぐり、うまくその気にさせる

「無理を承知でお願いしたいのですが…」

厳しい状況をわかった上で、それでも依頼する意気ごみを伝える

頼む②

場面

借金をお願いする言葉

「急な入院で、どうしても必要になりまして…」

相手が納得するような「信用できる理由」を示す

「○○までには、必ずお返し致しますので…」

返すメドがわかると、相手も少しは安心できる

「○○さんにしか、頼める人がいないのです」

むやみに借金しているわけではないことをわかってもらう

頼む③

場面

忙しいときに休暇を申請する言葉

「次の仕事の準備のために、休暇を取りたいのですが…」

あくまでも「仕事のための休み」ということをアピール

「現在取りかかっている仕事は、きちんと済ませてありますので…」

仕事のことは、忘れているわけではないことをわかってもらう

「前々からの、どうしても動かせない予定がありまして…」

伝える機会を逃したときの言い方。事前に伝えてあればベスト

静める①

shizumeru

場面　感情的になっている相手を落ち着かせる言葉

「とにかく、じっくりと話を聞かせてください」

言い分を聞くことで、味方であることをアピール

「あなたの言っていることは、とてもよくわかります」

共感を示すことで、理解のあることを伝える

「大丈夫ですので、安心してください」

心を落ち着かせる言葉で、冷静さを取り戻させる

静める②

場面

ケンカをしている相手と話し合いに持ちこむ言葉

「まず、○○さん、君の意見を聞かせてください」

歩み寄る姿勢で聞く耳を持っていると、壁は低くなる

「とりあえず、お互いに話したいだけ話してみましょう」

あまり深刻になり過ぎず、「とりあえず」できっかけを

「とことん話してダメなら、それでも構いませんので…」

「ダメで元々」という気持ちになると、案外気負わない

提案する①

teian suru

場面

現状の改善を提案する言葉

「この点を○○すれば、問題点は一気に解決されます」

「良くなる」と言われた方が、耳を貸したくなる

「この状況を切り抜けるためには、新商品の開発が急務になると思われます」

ただ「危ない」と煽《あお》るのではなく、目的があると受け入れやすい

「現在は顧客の変化に対応できずにうまくいっていませんが、対策次第でまだ間に合います」

危機感と同時に希望を添えて、「ため」を思って提案する

提案する②

場面　まったく新しいことを提案する言葉

「確かにリスクはありますが、それ以上に得るものが大きいと確信しております」

前例のないことに挑む魅力や意義を伝える

「挑戦することでしか得られないものが、あるはずです」

やる気に火をつけ「一緒に頑張ろう」という気にする

「現状維持だけを考えていましたら、進歩はありません」

あくなき「向上心」が、会社や人を大きくしていく

質問する

shitsumon suru

場面

つっこんだことを聞くときの言葉

「お話ししていただける範囲で構いませんので…」

話しやすい雰囲気づくりが大切

「実際のところは、どうなのでしょうか？」

やじ馬的な「いやらしい聞き方」にならないよう、真剣な態度で

「率直に言うと、どういうことでしょうか？」

きっかけを作る言葉で、相手が心を開いて話しやすくする

迷う

mayou

場面　決めかねていることを伝える言葉

「いい加減な答えを出したくないので、もう少し考えさせてください」

迷っていることが「真剣さの表れ」だと理解してもらえるように

「慎重になりすぎてしまいまして…」

悩んでいる過程が思い浮かび、悪気のないことを匂わせる

「どちらにするか、どうしても決め手に欠けるのですよ…」

決断できない苦境を相手にわかってもらうように、神妙な表情で

まとめ

すぐに使える「モノの言い方」

伝えたいことはあるけれど、それをどのように言えば良いか、わからなくて困った経験のある方は、少なくないでしょう。

「すぐに使える『モノの言い方』」では、言い方に困る代表的な場面を取り上げ、それぞれ3つの言い方を挙げました。

実際の言い方は状況により無限にあり、忠実に再現すると話の背景について説明が必要になりますので、核となる3つの言い方を基に相手や状況に合わせてアレンジし、困った場面を切り抜けていってください。

困った場面は「タイミング」も重要です。たとえ、どんなに良い言い方でも、言葉の賞味期限を逃してしまっては、せっかくの名ゼリフも台無しです。

言葉には「鮮度」があるのです。

この章は、言いにくいことを上手に伝えるための**トレーニング**が目的です。

左ページにマイナスの言葉を、右ページにそれぞれ対応したプラスの言葉をセットにして、見開きページ**60パターン**で構成されています。

また、より効果的にさせるために、右ページにあるプラス言葉の部分を、本のカバーの折り返し部分（※イラスト参照）で伏せることによって、マイナス言葉に対応するプラス言葉を考えながら読むことができます。

実際に自分で考えながら読むことで、プラスの言葉がしっかり身につき、あなたの言葉の力を一層磨くことができるでしょう。

実力アップ
トレーニング

マイナス

No.001

あきらめが悪い

No.002

新しいことに挑戦しない

No.003

新しい発想がない

No.004

いい加減

No.005

行き当たりばったり

No.006

意見に左右される

プラス

- 失敗してもくじけない
- 確実な方法を選んでいる
- 経験を大事にしている
- 融通がきく
- 状況に合わせて対応している
- それぞれの考えを尊重している

マイナス

No.007

移り気である

No.008

遠慮しない

No.009

応用がきかない

No.0010

おしゃべりだ

No.0011

堅苦しい

No.0012

頑固だ

プラス

……▶好奇心が旺盛である

……▶堂々としている

……▶基本に忠実である

……▶誰とでも気軽に話せる

……▶きちんとしている

……▶意志が固い

マイナス

No.0013

気にしすぎる

No.0014

気分屋である

No.0015

気を遣いすぎる

No.0016

グズグズしている

No.0017

口うるさい

No.0018

経験が少ない

プラス

▶繊細である、注意深い

▶自分の気持ちに正直である

▶心配りができる

▶納得のいくまで時間をかけている

▶細かいことまで注意してくれる

▶新鮮、クセがない、型にはまっていない

マイナス

No.0019

軽薄だ

No.0020

ケチだ

No.0021

強引だ

No.0022

行動力がない

No.0023

細かいことを気にする

No.0024

時間がかかる

プラス

- 気楽に考えられる
- ものを大切にする
- リーダーシップがある
- じっくりとものごとを考えている
- 几帳面である
- 慎重である

マイナス

No.0025

仕事が遅い …

No.0026

指示待ち人間だ …

No.0027

しつこい …

No.0028

指導力不足 …

No.0029

自分で決断できない …

No.0030

視野が狭い …

プラス

……▶ 仕事が丁寧だ

……▶ 話をきちんと聞いている

……▶ 粘り強い

……▶ 相手の自主性を尊重している

……▶ 他の人の意見を大切にしている

……▶ ひとつのことに集中している

マイナス

No.0031

信念がない

No.0032

すぐ意見を変える

No.0033

ズバズバ言う

No.0034

即戦力でない

No.0035

そそっかしい

No.0036

老けてみえる

プラス

▶柔軟である

▶変化に対応している

▶自分の考えをはっきり表現できる

▶将来性がある

▶行動がすばやい

▶大人の雰囲気がある

マイナス

No.0037

独断的だ、独りよがりだ

No.0038

特徴がない

No.0039

なかなか決められない

No.0040

のんびりしている

No.0041

八方美人だ

No.0042

控えめだ

プラス

……▶ 自分の考えに自信を持っている

……▶ ソツなくこなす、何でもできる

……▶ 多くの選択肢から選ぼうとしている

……▶ 余裕を持っている

……▶ 誰とでも仲良くできる

……▶ 様子をうかがっている

マイナス

No.0043

人の意見に耳を貸さない

No.0044

一人ひとりに違うことを言う

No.0045

部下に甘い

No.0046

付和雷同する

No.0047

まかせっきりだ

No.0048

他の人に同調しない

プラス

▶ 信念が強い

▶ 相手の能力を考えて指導している

▶ 部下を信頼している

▶ 協調性がある

▶ 権限委譲をしている

▶ 自分の世界を持っている

マイナス

No.0049

負けず嫌い

No.0050

マニアックである

No.0051

無口だ

No.0052

無鉄砲だ

No.0053

無理な注文をする

No.0054

目先のことに囚《とら》われる

プラス

- 結果にこだわっている
- ひとつのことに精通している
- 不言実行だ
- 失敗を恐れない
- 相手の可能性を信じている
- 目の前のことに集中している

マイナス

No.0055

約束事にルーズである

No.0056

やることがない

No.0057

優柔不断だ

No.0058

融通がきかない

No.0059

理屈っぽい

No.0060

わかっていない

プラス

……▶自分のペースで動いている

……▶選択肢がたくさんある

……▶思慮深い

……▶規則に忠実だ

……▶論理的である

……▶学ぶことがたくさんある

まとめ

実力アップトレーニング

人を評価するとき、好き嫌いによって評価が変わってしまうことは、少なくありません。なぜなら、好きな人には好意的に、嫌いな人には批判的に「先入観」にとらわれて評価しがちだからです。

ですから、一見短所と思える相手の特徴も長所から見るようにすると、それまでと違う好意的な面が発見でき、その結果、相手からも好かれるという好意的な雰囲気が生まれます。

モノの見方をひとつ変えるだけで、プラスにもマイナスにも作用することを覚えておいてください。

最後に、私が常に心がけていることです。

話し方は、誰が、何を、どのように話すかを、「聞き手」が評価します。

大畠常靖

【著者略歴】

大畠常靖（おおはたつねやす）

話し方講師。能力開発インストラクター。企業を中心に社員の能力開発、企業研修、プレゼンテーションの講師、企業内講師の育成等で活躍している。生命保険会社の営業マン、指導担当、営業管理職を経て、株式会社話力研究所に入社。専属インストラクターとして主に話力講師、接遇講師の育成を担当。同社副社長を経て、1993年ヒューマンウェア研究所を設立。「話し方」を理論化し、実践的なコミュニケーション力の向上に努めている。そのわかりやすい指導と、人材育成に関するアドバイスには、定評がある。

著書に『通勤大学基礎コース「話し方」の技術』『通勤大学基礎コース相談の技術』『なぜか、いつも会話がはずまない人へ』（総合法令出版）、『説得力をつける100の秘訣』（文教書院）、『プレゼンテーション能力の磨き方』（同文館出版）等他多数。

好感度アップ！

「モノの言い方」上達BOOK

2008年6月4日　初版発行

2010年4月22日　3刷発行

著　者　大畠常靖

装　幀　本文デザイン
川原田良一

組　版　横内俊彦

発行者　野村直克

発行所　総合法令出版株式会社
〒107-0052 東京都港区赤坂1-9-15
日本自転車会館2号館7階
電話 03-3584-9821（代）
振替 00140-0-69059

印刷・製本　中央精版印刷株式会社

ISBN978-4-86280-070-1